Reiner Harscher · SCHOTTLAND

Reiner Harscher

SCHOTTLAND

Nordlandzauber zwischen Burgen und Seen

rosenheimer

Jarlshof
Shetland I.s
Orkney I.s
Marwick
Skara Brae
Stromness
Kirkwall
Mainland
Hoy
Unst
Sullom Voe
Yell
Mainland
Lerwick
Bressay
Jarlshof
Cape Wrath
Thurso
Wick
Sutherland
Helmsdale
Lairg
Dunrobin Cast.
L. Assynt
Callanish Standing Stones
Lewis
Stornoway
Äussere Hebriden
Clisham
Beinn Mhor
625
Harris
Old Man of Storr
Gairloch
L. Torridon
L. Maree
North-West-Highlands
Beinn Eighe Nat. Res.
Moray Firth
Elgin
Portsoy
Banff
Macduff
Pennan
Peterhead
North Uist
Kilmuir
Benbecula
Dunvegan Cast.
Skye
Portree
Cuillins
South Uist
Barra I.s
Cawdor Cast.
Dufftown
Inverness
Glen Livet
Spey
Avon
Balmoral Cast.
Craigievar Cast.
Cast. Frazer
Drum Cast.
ABERDEEN
Eilean Donan Cast.
Loch Ness
Kingussie
Cairngorm Mts.
Don
Dee
Stonehaven
Dunnottar
Crathes Cast.
Braemar
Innere Hebriden
Fort William
Ben Nevis
1343
Grampian Mts.
Blair Cast.
Loch Linnhe
Cast. Stalker
DUNDEE
Mull
Oban
Kilchurn Cast.
Perth
Loch Awe
Stirling
Firth of Forth
Leith
GLASGOW
EDINBURGH
Paisley
Clyde
Galashiels
Floors Cast.
Tweed
Kelso
Islay
Kintyre
Kilmarnock
Abbotsford House
Firth of Clyde
Ayr
Alloway
Culzean Cast.
Southern Uplands
Gretna Green
NORDSEE
100 km
IRLAND
NORDIRLAND
ENGLAND

Inhalt

Schottland
Nordlandzauber zwischen Burgen und Seen

Dudelsack und Kilt, dann Castles, Highlands und Whisky und natürlich Nessie – meistens sind es zunächst die Klischees, die das Interesse für ein Land wecken. Ich will es vorwegnehmen, sie werden mehr als erfüllt, die Erwartungen des Reisenden, der sich auf den Weg macht, Schottland zu sehen. Und sie werden ergänzt durch noch viel mehr Schottisches: das Golffieber von St. Andrews, die riesigen Vogelkolonien von Bass Rock und auf den Shetlands, das Nationalgericht Haggis (kleingehackte Innereien, Leber, Rindfleisch, Nierenfett und Hafermehl, in einem Schafsmagen 2 Stunden gekocht), die völlig andersgeartete Welt der Inseln, die Traumstrände im Westen …

Auf mich übten neben den wildromatischen Landschaften, den malerischen Burgen und der spektakulären Natur die Bewohner Schottlands eine besondere Anziehungskraft aus, erfrischend gegensätzliche und gastfreundliche Menschen. Den sprichwörtlichen Geiz, den man ihnen nachsagt, würde ich eher als Sparsamkeit deuten, die ihren Ursprung in der Armut der Highlands hat. Die von Robert Louis Stevenson in seinem Roman beschriebene gespaltene Persönlichkeit des Dr. Jekyll und Mr. Hyde, die helle und die dunkle Seele Schottlands, läßt sich nach wie vor beobachten. Mir sind selbstbewußte, lebhafte und temperamentvolle wie auch melancholische, wortkarge und zurückhaltende Nachfahren der Kelten begegnet.

Wer ihre wirklichen Vorfahren sind, ist schwer zu sagen. Kelten, Pikten, Skoten und Wikinger, allesamt kriegerische Völker, trugen dazu bei, *den* Schotten zu prägen. So verwundert es nicht, daß die Schotten bis zur vernichtenden Niederlage im Jahre1746 bei Culloden gegen die Engländer ein sehr rauf- und kampffreudiges Völkchen waren. In vielen nationalistischen Köpfen sind die häufigen Kämpfe gegen England noch lebendig, und immer wieder ertönt der Ruf nach Unabhängigkeit.

So ist der kurze Dialog, der sich während eines Fluges auf die Falkland-Inseln zwischen meinem linken und rechten Sitznachbarn entwickelte, kennzeichnend: Der Texaner rechts neben mir hatte mitbekommen, daß mein linker Nachbar eine verwandte Sprache spricht, und wollte wissen, ob er Engländer sei. Die Verständigungsprobleme sind zunächst nicht unerheblich, und dann folgt die Belehrung: „Ich bin Schotte", worauf der andere nun eine Antwort auf die Frage sucht, warum er keinen Kilt trage. Gleichzeitig korrigiert der Texaner: Nein, eine Ölquelle habe er leider nicht im Garten …

Kilt und Tartan sind heute vielfach nur eine Modeerscheinung, die allerdings tiefe historische Wurzeln hat. Der Ursprung war der Umhang der Hochländer, den man immer deutlicher mit Karomuster und Farben, dem Tartan, versah. Er wurde schließlich als *plaid* umgewickelt, von einem Gürtel gehalten und über Schulter und Oberkörper geworfen. Jeder Clan brachte sein eigenes Muster hervor, bestimmte Abfolgen von Farben und Größen bei Karos und Streifen. All das wurde von der Weberin auf einem Stück Holz festgehalten und so späteren Generationen überliefert. Der eigene Tartan war der unverwechselbare Ausdruck der tiefen Verwurzelung in der heimatlichen Region und im Clan. Dies wurde noch wichtiger, als das Tragen von Tartan und das Spielen des Dudelsacks von den Engländern nach der Niederlage von Culloden verboten wurde. Erst etwa 40 Jahre später erlaubten die Engländer die Clantraditionen wieder, und jetzt zeigten die Schotten, nicht zuletzt durch die romantischen Darstellungen von Sir Walter Scott animiert, ihre Zugehörigkeit und Herkunft stolzer und deutlicher als zuvor. Inzwischen gibt es etwa 1800 verschiedene Tartans, darunter traditionelle Muster und neue Kreationen. Die Clans sind im Kern lebendig. Die MacLeods, MacDonalds, Mackenzies, Mackays und viele andere halten die Traditionen mit unzähligen Clantreffen hoch, und Highland-Gesellschaften pflegen die schottische Kultur.

Ein nicht weniger in Schottland verwurzeltes Element wird vom

Im Winter wird es zum Tal der Hirsche – Glen Cannich

Besucher erst auf den zweiten Blick wahrgenommen: die gälische Sprache. Dabei ist ein gälisches Wort weltweit bekannt: *uisge* – gesprochen: Whisky –, Schottlands Sonne in Flaschen. Keltische Stämme, die im 2. und 3. Jahrhundert vor Christus vom Festland einwanderten, brachten die Sprache mit. Sie bildete die unterschiedlichsten regionalen Dialekte aus und prägte eine eigene Kultur. Mit der Reformation und dem neuen Glauben kam die neue Sprache: Englisch. Das Gälische, im 17. Jahrhundert verboten, hielt erst 1958 wieder Einzug in die Grundschulen. Lediglich im entlegenen Norden und Westen Schottlands hat die Sprache überlebt, und heute sprechen noch – oder wieder – etwa 85 000 Schotten gälisch. Die Regierung unternimmt große Anstrengungen, die Sprache weiter zu beleben. Eine gälische Bastion sind die Hebriden, besonders die Äußeren Hebriden, geblieben. Die meisten Wegweiser, im Süden alle, sind hier nur in Gälisch beschriftet. Ohne unsere Karte, die englische und gälische Namen trägt – und ohne die Ortskenntnis des Postboten – hätten wir den Weg zu einem der wenigen gälischen Poeten der Äußeren Hebriden nie gefunden. Donald MacDonald, der Barde auf South Uist, ist einer der letzten, die in einer der typischen, mit Reet gedeckten Katen der Inseln leben. Ich besuche ihn unangekündigt, dennoch unterbricht er mit der berühmten gälischen Gastfreundschaft das Ausbessern seines Reetdaches und erzählt mir von seiner Arbeit. Das Cottage ist einfach, aber gemütlich eingerichtet. Hier, am Torfofen, schreibt er seine Gedichte. Nach einer Augenoperation sieht der 65jährige jetzt wieder besser. Er erzählt in seiner Lyrik vom Land des Riedgrases, vom Meer und von den Hügeln.

Die Diskussion um die gälische Sprache wird emotional geführt. Von der älteren Generation wird ihre Förderung befürwortet, wobei mir ein Schäfer auf Skye zu bedenken gibt, daß Gälisch immer nur die Sprache der Küche sein kann, während Englisch die Sprache der Aristokraten, Ärzte und Ingenieure ist.

Zu den kulturellen Überlieferungen Schottlands steht die schnellebige moderne Zeit in krassem Gegensatz. Nicht, daß die Schotten dies nicht bewältigen könnten. Das schottische Selbstbewußtsein ist durch die großen Ölfunde vor den Küsten weiter gestärkt worden. Die Schelfgebiete werden inzwischen von Öl- und Gaspipelines durchzogen und sind mit Bohrinseln gespickt. Erst nachdem der Ölpreis erheblich gestiegen ist und neuerdings die Off-shore-Förderung effektiver wurde, rentiert sich die sehr aufwendige Ausbeutung des Nordseeöls. Zum Leidwesen der Schotten geht das Geld hauptsächlich nach London und nicht in die heimliche Hauptstadt Edinburgh.

Die Kontraste, die man heute in dem modernen Land voller Traditionen erlebt, zwischen Haggis und Whisky, zwischen Highlands und Kulturmetropole, machen die Heimat der Castles und Lochs nicht nur für einen Fotografen zu einem unvergeßlichen Erlebnis.

Linke Seite: Einer der landschaftlich reizvollsten Plätze Schottlands: Camasunary auf der Isle of Skye.

Vorhergehende Doppelseite: Die 137 Meter hohe Sandsteinsäule des Old Man of Hoy ist das Wahrzeichen der Orkneys.

Castle Stalker, eines der vielen Kleinode in Schottlands Schlösserwelt

Fraser MacGregor, Metzger bei Scotland's First Champion Haggis Maker, mit dem Nationalgericht

Folgende Doppelseite: Obwohl sie schon vor etwa 4 000 Jahren aufgestellt wurden, haben sie auch im Informationszeitalter nichts von ihrer Mystik verloren: die Callanish Stones auf Lewis.

Northwest-Highlands
Wildheit und Romantik zugleich

Das Hochland, das sich nördlich des Kaledonischen Grabens ausbreitet, zählt mit zu den einsamsten und wildesten Gebieten Europas. Die einzigartigen Landschaften, denen wir uns in Richtung Nordwesten über die „Road to the Isles“ (A87) oder die A835 nähern, bilden für jeden Besucher den Inbegriff der schottischen Abgeschiedenheit. Vollends erlebt haben wir die Highlands erst mit Zelt und Rucksack. Unsere Touren führten uns unter anderem vom Glen Elchaig (*glen* ist das gälische Wort für „Tal“), in das man vom berühmten Eilean Donan Castle aus gelangt, zum Loch Monar und vom Loch Fannich nach Norden. Der späte Sommer ist die beste Zeit, um hier zu wandern. Die Moore sind dann trockener, und das Land ist überzogen vom Violett der Heidekräuter, deren Blütenpollen an unseren Stiefeln kleben. Das Bergland franst nach Westen hin in einem Gewirr von Lochs, Buchten und Halbinseln aus und bildet jenes Mosaik aus Wasser und Land, das Schottland so faszinierend macht. Am Loch Maree, Loch Torridon oder Gairloch wird der Mythos des Landes zur Wirklichkeit. Zwei der schönsten Täler liegen im Herzen der Northwest-Highlands, Glen Affric und Glen Cannich. Je weiter wir nach Norden kommen, desto verlassener wird das Land, und oft sind die einzigen „Bewohner“ die schmutzigweißen Schafe.

Die Einsamkeit der Landschaft ist das Ergebnis eines der traurigsten Kapitel in der Geschichte des Nordens: der Highland clearances. Die Tragödie begann mit dem Niedergang der schottischen Clans. Jahrhundertelang hatten die autarken Sippen in den entlegenen Hochtälern Ackerbau und Viehzucht betrieben. Nach der blutigen Niederlage der schottischen Kämpfer von Prinz Charles Edwart Stuart gegen die englische Armee im Jahre 1746 und der legendären Flucht des Heerführers wurde das Clansystem und alles Schottische verboten. 40 Jahre später begannen von England eingesetzte Fürsten, mit extensiver Schafwirtschaft in den Highlands sehr viel Gewinn zu machen. Die Bauern, die dem kargen Boden in Schwerstarbeit ihren Lebensunterhalt abrangen, mußten ihr Pachtland abgeben und wurden zwangsumgesiedelt. Viele verhungerten, andere versuchten mit den schwimmenden Särgen, den *coffin boats*, das gelobte Amerika zu erreichen. Der Duke of Sutherland war aufgrund seiner rücksichtslosen Vertreibungen besonders berüchtigt, und der enorme Reichtum, den die Sutherlands anhäuften, zeigt sich heute noch in der Pracht von Dunrobin Castle. Selbst Königin Victoria war beeindruckt und bezeichnete anläßlich eines Besuchs auf dem Schloß ihr eigenes Balmoral Castle als einfaches Haus. Als die Schafzucht in den 70er Jahren des 19. Jahrhunderts unrentabel wurde, hegten die Herren des Landes Hirsche in riesigen Rudeln und nutzten die Highlands als die größten Rotwild-Jagdreviere Großbritanniens.

Die bis in die zweite Hälfte des 19. Jahrhunderts anhaltenden Vertreibungen führten dazu, daß Sutherland heute mit 13 000 Bewohnern das am dünnsten besiedelte Gebiet Großbritanniens ist. Paradoxerweise flüchten zur Ferienzeit gerade deshalb einsamkeitsuchende Menschen vor der Enge der europäischen Ballungsgebiete in diese wilde Landschaft. Der Kreis der Clearances hat sich geschlossen: die Bauern, die Schafe, das Rotwild, die Touristen.

Je weiter wir die Küstenstraße hinauf Richtung Cape Wrath fahren, desto elementarer werden die Highlands: Felsen, Wasser und Moore. Eine der schönsten Wasserlandschaften in dieser Gegend ist der Loch Assynt. Nach einem völlig verregneten und dunklen Tag fahren wir bei stark auffrischendem Wind in großer Eile ans Nordufer. Unsere spontane Anreise wird belohnt durch einmalige Lichtstimmungen über dem See, wie sie in Schottland unverhofft zwischen zwei Regenfronten auftreten können.

Schön bei jedem Licht – das „Highlander“ Castle, Eilean Donan

Untrennbar mit Schottland verbunden: Kilt, lachsreiche Flüsse, Highlandrinder und – ab und zu ein paar Mücken.

Das Glen Affric endet im Westen in wilder Schönheit.

Vorhergehende Doppelseite: Das Eisenbahnviadukt bei Glenfinnan fügt sich harmonisch in die Highlands ein.

Die seltenen klaren Wintertage sind ideal, um in der Reinheit der Hochmoorlandschaften zu wandern.

Highland Games
Olympiade auf schottisch

Zu Tausenden kommen sie aus der ganzen Welt und suchen ihre Wurzeln: Schotten aus Amerika, Kanada, Neuseeland. Man trägt Kilt, zeigt Knie, mißt Kräfte und demonstriert sportliches Können. Nur wenige Dinge gibt es, die schottischer sind als die Highland Games. Als wir den Programmplan für die Spiele des Sommers 1995 studieren, fällt uns die Entscheidung schwer: Aboyne, Kilmarnock, Argyllshire, Braemar, Fort William und fast siebzig weitere größere und kleinere Orte feiern ihre eigenen Stadtolympiaden. Das medienwirksamste Ereignis findet in Braemar statt, wo sich jedes Jahr die Queen und einige Royals zeigen. Die authentischere Atmosphäre erlebt der Besucher allerdings bei den kleineren Games.

Der Ursprung der Highland Games ist nicht genau fixierbar. Wahrscheinlich riefen die Chieftains, die Clanchefs, Wettkämpfe aus, um die besten Dudelsackspieler, Kämpfer und Läufer für ihre Leibgarde zu rekrutieren. Dem Hochländer hing schon immer der Ruf des Wilden und Streitsüchtigen an, was angesichts der vielen Clanfehden und der harten Lebensbedingungen in dieser Landschaft einleuchtet.

Die Games bieten also den Schotten eine willkommene Möglichkeit, einmal im Jahr ihre Kraft auszuleben, darüber hinaus sind sie als touristische Attraktion eine Einnahmequelle für die Kommunen. Und drittens noch ein Grund für die weltweit verstreuten Clanmitglieder, ihre alte Heimat zu besuchen. Die traditionellen Sportarten werden natürlich im Kilt ausgetragen. Für die, die sich dafür interessieren, was der Schotte unter dem Rock trägt, sei in diesem Falle gesagt: eine enganliegende Sporthose aus atmungsaktiver, hochelastischer, leistungsfördernder Schottenfaser ...

Bei den Highland-Sportarten werden Felsbrocken, Baumstämme und Hämmer durch die Gegend geworfen. Ein Massenereignis sind oft Geländeläufe mit flatterndem Kilt. Die unterschiedlichen Seelen, die der Schotte in seiner Brust trägt, lerne ich bei den Games in Fort William kennen, wo ich einige Aufnahmen ergänzen will. Spontan werde ich auf dem Wettkampffeld in das winzige Zelt der Kampfrichter zu einem Beerenlikör eingeladen. Man heißt mich als deutschen Fotografen, der sich für die Spiele interessiert, besonders willkommen. Einige Minuten später äußert ein bärtiger junger Urschotte seine Copyright-Ängste mir gegenüber, weil ich ihn in seinem Highlander-Filmkostüm fotografiert habe. Er fürchtet, daß ich mit seinem Bildnis das große Geschäft mache.

Games laufen nie ohne das traditionelle Bagpiping ab. Zugegeben, unser mitteleuropäisches Ohr muß sich an manche Klangreihen des Dudelsacks erst gewöhnen. Als Instrument, das für das Spiel im Freien geschaffen ist, kann es genauso die Kämpfer auf dem Platz anspornen wie die melancholische Kargheit des Hochlandes unterstreichen. Über Wettbewerbe im Dudelsackspielen und traditionellen Highlanddancing hinaus haben viele Games moderne Disziplinen wie Hockey, Radfahren und Fallschirmspringen, aber auch Auswüchse wie Haggisschleudern, Gummistiefelwerfen und Pantoffelhüpfen hervorgebracht – auf daß der Bessere gewinne.

Oben: Nicht weit, sondern schön muß er fliegen, der schottische Baumstamm!
Rechte Seite: Ohne „bagpiping highlanders" sind die Spiele nicht vorstellbar.

Hoffentlich ist er nicht gedopt!

… mal schauen, ob die Damen das Instrument auch beherrschen?

THE GLENFIDDICH DISTILLERY
G
29303
1995
1980
263

Whisky
Das Lebenswasser der Schotten

Ausgerechnet ein Engländer macht uns mit den ersten theoretischen Fakten über dieses Getränk vertraut. Peter Smith, inzwischen in Kingussie zu Hause, ist nach einigen Fehlschlägen unsere Anlaufstation, um eine kleine und fotogene Destillerie zu finden. Als PR-Mann für eine Reihe größerer und kleinerer Erzeuger kennt er sich aus.

Malt, Single Malt, Pure Malt, Straight, Blended – in den Pubs lenkten diese Begriffe zuvor unsere Aufmerksamkeit immer wieder von den Gläsern auf die Flaschenetiketten. „Am Anfang hatten die Menschen in den Highlands drei Dinge in großen Mengen", erzählt Peter, „Wasser, Torf und Gerste. Was lag also näher, als über dem Torffeuer *uisge beatha* – Lebenswasser – zu brennen?"

Das heutige Verfahren ist prinzipiell unverändert. Die Gerste wird auf den Malzböden vorgekeimt. Beim Trocknen über dem Torffeuer stoppt die über das Malz strömende heiße Luft den Keimprozeß, und der Rauch gibt eine erste Würze. Das Malz wird in riesigen Tanks, den *mash tuns*, mit heißem Wasser vermischt; dadurch verwandelt sich die Stärke in Zucker. In großen Eichenbottichen wird dann Hefe zugesetzt und die zuckrige Flüssigkeit etwa 24 Stunden vergoren. Ein *Pure Malt* oder *Single Malt* besteht aus reiner Gerste, die eigentlich aus der gleichen Malzcharge stammen sollte, ebenso sind *Malt* und *Straight* reine Malzwhiskys aus 100 Prozent Gerste. Beim *Blended* bringt der Verschnittmeister durch die Vermischung von Gerste mit Weizen oder Mais sein ganzes Können ein und steuert so den Geschmack des Lebenswassers.

In den großen, zwiebelförmigen Kupferkesseln entsteht endlich durch mehrfaches Destillieren der hochprozentige Alkohol. Der *Clearic*, der klare, noch nicht gealterte Whisky, hat zwischen 63 und 68 Prozent. Die Braumeister und Destillenarbeiter trauern vielfach noch den guten alten Zeiten nach, denen Gewerkschaften und Krankenkassen inzwischen ein Ende gesetzt haben: Damals hatten sie den ersten *Clearic* morgens um zehn nach sechs, den zweiten um zehn nach sieben und dann noch einige extra vor dem Schichtende um zwei bekommen. Viele Pastoren sahen über die Problematik hinweg, daß der Destillationsvorgang 7 Tage ununterbrochen laufen muß und der Sonntag somit nicht heilig gehalten werden konnte.

Der *Clearic* wird erst durch die jahrelange Lagerung in eichenen Sherryfässern zum wirklichen Whisky. Paul, der Braumeister der Cardhu-Destillerie, erzählt uns voll Bedauern, daß aus den Eichenfässern während der Reife 2 Prozent im Jahr verdunsten. „Dieser *angel's share*", so Paul, „verbessert die Luft um unser Dörfchen Knockando erheblich." Die extrem alkoholgeschwängerte Luft macht ihn allerdings sehr nervös, als ich in seinem *warehouse*, in dem die vollen Fässer lagern, mit meinem Elektronenblitz arbeiten will.

Den einige tausend zählenden Whiskybrennern wurde das Leben schwer gemacht, als im Jahr 1707 englische Zöllner begannen, drastische Steuern auf das Volksgetränk zu erheben. Gleichzeitig entstanden drei neue Berufe: der des Steuereintreibers, der des Schwarzbrenners und der des Whiskyschmugglers. Die Straße aus dem Spey-Tal heraus, am Avon entlang und ins Glen Livet folgt dem wichtigsten Schmugglerweg, über den man den Malt transportierte, der damals in jeder Bauernkate gebrannt wurde. Sie ist gleichzeitig Teil einer in der Welt einmaligen Sightseeingroute. Durch die malerische Flußlandschaft des Spey, durch das Avon-Tal nach Tomintoul und dann wieder nach Nordosten bis Dufftown ins Zentrum des „Lebenswassers" verläuft der *Malt Whisky Trail*. Diese Route passiert einen Großteil der berühmten Brennereien, und man kann sich ausgiebigst alles Theoretische praktisch veranschaulichen. Slàinte!

Nur der mittlere Abzug wird zum zweitenmal destilliert und reift im warehouse *in Sherry- oder Bourbonfässern aus Eiche zu „wirklichem Whisky" heran.*

Destilliert wird in riesigen Kupferkesseln. Im warehouse *von Cardhu lagern 100 Fässer* special reserve *mit der Krone. Für Prinz William 1982 destilliert, wurden sie für den 18. Geburtstag des Thronfolgers im Jahre 2000 hier aufbewahrt.*

Erst im Laufe des Reifeprozesses kommt die (goldene) Sonne in den Whisky.

KIRKWALL HOTEL
ST OLA HOTEL
K45
MARINER

Orkney und Shetland
Oasen im Norden

Die Lieblichkeit der sanft gewellten Orkneylandschaft überrascht jeden Besucher, der zuvor die Hebriden erlebt hat oder der hier im Norden eine Steigerung der Wildheit der Highlands erwartet. Statt dessen weiden große Rinderherden auf saftigen Wiesen, und ein gut ausgebautes Straßennetz durchzieht die Hauptinsel Mainland.

Die Hauptstadt Kirkwall sowie der zweitgrößte Ort, Stromness, sind geschäftige und moderne Siedlungen mit großen, grauen Häusern aus groben Steinen. So verwundert es mich nur wenig, als der Metzger in Stromness mir seine Erleichterung über das bevorstehende Ende der Sommersaison gesteht und mit Freude von seinen anstehenden Winterferien auf Lanzarote schwärmt.

Ein mildes, vom Golfstrom beeinflußtes Klima, reiche Fischgründe und fruchtbare Böden waren der Grund, daß die Orkneys schon in der Steinzeit besiedelt wurden. Reste früherer Kulturen liegen über die Inseln verstreut. Das Steinzeitdorf Skara Brae war über mehr als 4 000 Jahre unter einer Sanddüne begraben, bis 1850 ein Sturm zufällig den Einblick in die Wohnzimmer der damaligen Bewohner freiwehte. Das besterhaltene Kammergrab Maes Howe sowie die 5 000 Jahre alten Standing Stones of Stenness und der Ring of Brodgar sind weitere Highlights aus der Frühgeschichte der Orkneys.

Landschaftlich spektakuläre Plätze finden wir an der Küste. Nach dem Spaziergang über eine saftige Wiese überrascht uns die wind- und wellenumtoste, 150 Meter hohe, etwa drei Kilometer lange Steilküste von Marwick Head. Im Sommer bilden die senkrecht ins Meer fallenden Felsen mit 50 000 Brutpaaren, hauptsächlich Dreizehenmöwen und Trottellummen, die größte Seevogelkolonie Schottlands.

Die für uns beeindruckendste Orkney-Insel ist Hoy. Nur etwa 40 der insgesamt 20 000 Orcadians, wie die Orkneybewohner genannt werden, leben auf der zweitgrößten Insel des Archipels, die so völlig anders ist als Mainland. Während unserer Wanderungen über die urtümlichen Moore und Heiden fühlen wir wieder die Einsamkeit der Highlands. Die gigantische Küstenszenerie findet ihren krönenden Abschluß im 346 Meter steil ins Meer abfallenden Felsen des St. John's Head und in der Sandsteinsäule des Old Man of Hoy.

Die nördlichsten Inseln Schottlands liegen noch 90 Kilometer oder 7 Bootstunden von den Orkneys entfernt. Auf der 14stündigen Überfahrt zu meinem ersten Shetlandbesuch von Aberdeen aus werde ich gleich mit dem berüchtigten Wetter auf diesen Inseln vertraut gemacht. Zum einen durch das übelkeiterregende Stampfen und Rollen der Fähre in der schweren See, zum anderen durch die Frage der Dame hinter der Frühstückstheke am nächsten Morgen, was ich dort oben will und wie lange ich bleibe. „Wieso drei lange Wochen?" ist ihre Reaktion auf meine Auskunft. „Wo es doch auf den *bloody islands* nur Regen und Nebel gibt!"

Durch Vulkane entstanden und vom Eis modelliert, sind die Inseln bei uns vor allem durch die kleinen Ponys und die handgestrickten Pullover bekannt geworden. Die Pullover verdanken ihre Qualität der Geschicklichkeit der Frauen und der hochwertigen Wolle, die den Schafen in dem rauhen Klima wächst. Die Shetlandponys mit ihren maximal 110 Zentimetern Schulterhöhe wurden von den *crofters*, den Bauern, zur Arbeit genutzt und erlösten später in den niedrigen Stollen englischer Bergwerke die Kinder vom Ziehen der Loren.

Die 23 000 Bewohner der Shetlands sind den Norwegern noch stärker verbunden als die Orcadians. Auf dem nördlichsten Archipel traten die Wikinger weniger plündernd denn vielmehr als talentierte Handwerker und Bauern auf. Sie übernahmen die prähistorischen Plätze wie Jarlshof, wo fast 4 000 Jahre vorher die Besiedelung der Inseln begonnen hatte.

Die bizarre Küstenlinie von Mainland, Yell, Unst, Bressay,

Die Hälfte der auf der Hauptinsel der Orkneys lebenden 14 000 Menschen wohnt in der Hauptstadt Kirkwall.

unzählige Buchten, Klippen und Strände, der ständige Wechsel zwischen Felsen und Wasser, die helle Klarheit des nordischen Lichts machen die Shetlands zum faszinierenden Naturschauspiel. Paradoxerweise befindet sich in der reinen Natur, in einer geschützten Bucht im Norden der Hauptinsel, eines der größten Ölterminals Europas. In der Sullom Voe-Bucht fließen Öl und Gas aus den reichen Feldern der Nordsee zusammen. Die latente Bedrohung für Natur und Bewohner der Insel durch den Ölreichtum wird im Januar 1993 Realität: Der unter Billigflagge fahrende Tanker „Braer" läuft im Sturm auf die Klippen der Quendale Bay. 80 000 Liter Rohöl fließen ins Meer und verseuchen Küste und Tiere. Nur durch den Jahrhundertsturm, der das Öl verteilt, nimmt die Katastrophe keine noch größeren Ausmaße an.

Wegen des enormen Vogelreichtums sind wir hier. Das beeindruckendste Naturschauspiel findet am nördlichen Kap von Unst statt. Die ständig umtoste Steilküste bietet mit den vorgelagerten Felsnasen Brutmöglichkeiten für viele tausend Seevögel. Nur das Ökosystem Meer kann genügend Nahrung für so viele hungrige Mägen bereitstellen. Baßtölpel, Trottellummen, Tordalke und Krähenscharben haben für rund drei Monate ihre Plätze in diesen Vogelhochhäusern bezogen. Der Wohnraum ist klein, und man sitzt dichtgedrängt. Oben, wo der Torf bis an die Felskanten reicht, hausen die kuriosesten der Gesellen: die Papageitaucher. Sie zeigen kaum Scheu vor uns Menschen, und es ist ein einmaliges Erlebnis, zwischen ihnen hier hoch über dem Meer zu sitzen und sie zu belächeln, wenn sie mit ihren orangefarbenen Schwimmfüßen unbeholfen über das Gras stolpern. Tag und Nacht hält das Geschrei in den Kolonien an, bis sie alle mit ihrem erwachsenen Nachwuchs im August wieder verschwinden, um erst im nächsten Juni zurückzukehren.

Die unglückliche Selbstmörderin Betty Corrigal durfte damals nicht auf dem Friedhof begraben werden.

Vorhergehende Doppelseite: Von der Rackwick Bay ist es nur ein knapp zweistündiger Fußmarsch zum Old Man of Hoy.

Das nördlichste Kap der Shetlands, Herma Ness, ist ein Paradies für Seevögel.

In einsamen Gehöften ringen die Shetland crofters dem Land und Meer ab, was sie zum Überleben brauchen.

Die gänsegroßen Baßtölpel (links) benötigen zum Brüten viel Platz auf den Felsplateaus …
… während die Papageitaucher (rechts) ihre Brutröhren in die Erde graben.

Für beide nicht unbedingt ein Vergnügen: Schafschur mit der Handschere ist harte Arbeit.

Schafe und Fischerei
Traditionen zu Lande und zu Wasser

Eigentlich müssen wir noch einen dritten hinzufügen, wenn wir von den traditionellen Wirtschaftszweigen sprechen: Whisky – der älteste und nach dem Öl umsatzkräftigste schottische Exportartikel. Von ihm war ja bereits die Rede.

Die Schafzucht ist für den durchs Land Reisenden noch gegenwärtiger. Rentabler Ackerbau ist im Hochland kaum möglich. Schafe bieten die einzige Möglichkeit, dem kargen Land mit den sauren und steinigen Böden in größerem Maße etwas abzuringen. Die genügsamen Wollieferanten finden ihr Gras in allen Teilen Schottlands und begegnen uns ständig. Obwohl die Wollpreise einen Minimalstand erreicht haben, müssen die Tiere einmal im Jahr geschoren werden. Für den Farmer bedeutet dies trotz automatischer Scheren harte Arbeit. Ohne die schwarzweißen Hunde, die Border-Collies, wäre der Schäfer völlig hilflos. Diese wieselflinken und intelligenten Gehilfen übernehmen im Gelände jede Arbeit mit der Herde und lassen sich mit Pfiffen und Rufen dirigieren. Die *Sheep dog trials*, im Sommer stattfindende Hütewettbewerbe, fordern das perfekte Zusammenspiel von Mann und Hund und bereiten beiden großen Spaß: den Hunden, weil sie wieder einmal rennen dürfen, und den Männern, weil sich zwischen den anstrengenden Wettbewerben Pausen für ein *dram* Wkisky und einen Plausch mit Nachbarn ergeben.

Das Ereignis des Jahres sind die großen Schafauktionen, die im Norden in den „sheep capitals", in den Städten Lairg und Thurso, stattfinden. Schlammverdreckte Landrover und rostige Traktoren mischen sich unter riesige Sattelschlepper und bringen oder holen bis zu insgesamt 40 000 Lämmer. Schafspezialisten säumen die Miniarena, in die aus den übervollen Pferchen kleine Gruppen der Tiere getrieben werden. Bis die irritierten Vierbeiner wissen, wo sie sind, hat sie der hemdsärmelige Auktionator mit unverständlichem Geschrei an den Mann gebracht, und nach ein bis zwei Minuten stürzt die nächste Herde herein.

Weniger lebhaft geht es bei der Auktion in Peterhead zu. Die Ware, die hier versteigert wird, liegt tot in Plastikkästen: Fisch, der immer noch eine wichtige Einnahmequelle für Schottlands Küstenstädte wie Wick, Helmsdale, Oban, Aberdeen und eben Peterhead ist. Beim Anblick einiger tausend überquellender Fischkästen ist es für mich nur schwer vorstellbar, daß die Bestände des Atlantiks leergefischt sein sollen. Meine Vorinformationen aus den Medien werden jedoch in Gesprächen mit Fischern bestätigt. Jack Walsh in Portree muß mit seinem Zweimannboot fast 24 Stunden vor der Westküste fangen, um dem Händler schließlich zwei Kisten *prawns* (große Garnelen) und eine Kiste Schollen und Makrelen zu liefern. Im Vergleich zu früher muß er heute mehr als die doppelte Anzahl Körbe auslegen und doppelt so lange unterwegs sein, um die gleiche Menge zu fangen. Michael Peters, der mich auf die Brücke seines modernsten Eine-Million-Pfund-Trawlers bittet, spezialisiert sich jetzt auf Tiefseefische und hofft so in den schwer zu fischenden Tiefen ab 300 Metern noch rentabel zu wirtschaften. In seinem Hafen Scrabster werden täglich Sattelschlepper aus Spanien und Frankreich beladen, die schottischen Fisch durch ganz Europa transportieren und die Hauptabnehmer der *prawns* sind.

Auf den Inseln und in kleineren Küstenstädten betreiben Bauern oft Fischerei oder Austernzucht als Nebenerwerb. Viele Fischer sehen ihre Zukunft im Fishfarming. Der Kapitaleinsatz für das erfolgreiche Bewirtschaften einer Lachsfarm ist allerdings sehr hoch. Daher sind die meisten Betriebe in der Hand großer Konzerne.

Auktion: Nur Schafspezialisten sind hier zu finden.

Farmer „John Red“ hat, wie alle, seine Schafe farblich markiert, um sie von der Nachbarherde unterscheiden zu können.

Die Fischhallen sind nach wie vor voll, die Meere werden immer leerer.

Räucherfisch, Forelle oder Lachs wandern in die ganze Welt (links) …
… während der Seefisch hauptsächlich im Sattelschlepper nach Spanien reist (rechts).

Kleine Fischkutter werden meistens von Bauern zur Nebenerwerbsfischerei genutzt.

Die in jedem Schwimmkäfig heranwachsenden 10 000 Lachse werden zweimal täglich mit Kraftnahrung gefüttert.

Edinburgh
Die Perle Schottlands

Die schönste Anreise nach Edinburgh ist die aus Norden. Die Autobahnbrücke führt mich über den hier 4 Kilometer breiten Firth of Forth, parallel zum gigantischen Stahlskelett der berühmten Forth Rail Bridge.
Der schönste Ausblick auf Edinburgh ist der vom Calton Hill aus. In der Nähe des Nelson Monument und des Parthenon habe ich einige Stunden mit Warten auf das ungewöhnliche Licht der „blauen Stunde" verbracht, das die beleuchtete Stadt erst richtig in Szene setzt. Beim Anblick der alles überragenden Burg liegt der Vergleich mit dem von der Akropolis gekrönten Athen nahe. Die Parallele hat auch noch Gültigkeit, wenn man die Museen, Galerien, Theater und Konzertsäle, aber auch die Nachtclubs und Diskotheken kennenlernt.
Die erste Siedlung lag südlich der schützenden Burg auf dem Plateau des Burgfelsens. Im 18 Jahrhundert wuchs jenseits der heutigen Princes Street, der Haupteinkaufsstraße, das neue Nobelviertel Edinburghs heran, die New Town im klassizistischen Stil der georgianischen Epoche. Allerdings gehören Armen- und Industrieviertel genauso zum Stadtbild Edinburghs wie die traditionsreiche Altstadt und die georgianischen Squares.
Die Altstadt hat wie in kaum einer anderen Großstadt ihre historische und gemütliche Atmosphäre bewahrt (natürlich gibt es auch Tage wie jedes Jahr im August zur Zeit des „Festivals", wo wir etwas weniger Gemütlichkeit erlebt haben). Der Bummel von der Burg durch die mit Menschen und Autos gefüllte Royal Mile hinunter zum Palace of Holyrood House kreuzt steile Gassen, die *closes*, und führt an historischen Fassaden entlang. Die Geister der Söhne Schottlands begleiten uns: John Knox, Sir Walter Scott, David Hume und Adam Smith. Während des seit 1947 stattfindenden Kulturfestivals, des größten in Europa, wird die Royal Mile zur Bühne für Straßenkünstler und zum Wartesaal für die Besucher des Tattoos. Das Open-air-Konzert verschiedener Militärkapellen, allen voran die Highland Bagpipers, ist über vier Wochen jeden Abend ein stets ausverkaufter Höhepunkt. Es findet auf der Esplanade, direkt vor einmaliger Burgkulisse, statt. Auf meine etwas unsichere Frage beim Abholen des lange Zeit vorher reservierten Tickets, was man heute angesichts der regenschweren Wolken mache, erhalte ich nur lächelnd den Hinweis, daß der Tattoo bisher noch nie abgesagt wurde.
Nach dem Konzert ist das Gedränge in den Pubs der Altstadt noch größer als an „normalen" Abenden, falls das überhaupt möglich ist. Im Royal Oak zum Beispiel, in der Bow's Bar oder im Fiddlers Arms vollbringen die *bartenders* Höchstleistungen, um die Versorgung mit Guinness, Real Ale oder Lager nicht abreißen zu lassen. Die Pubs waren für die Literaten der Vergangenheit genauso Orte der Kommunikation wie heute für die Geschäftsleute der Moderne. In der Tron Bar und im Sandy Bells treffen sich regelmäßig Musiker zu *Ceilidhs.* Zu den Sessions findet man sich zufällig ein, um zwanglos bei einem Pint traditionellen Folk zu improvisieren.
Die schottische Hauptstadt ist voller Gegensätze und Traditionen. Der Besucher, der Zeit hat, Tage oder Wochen in der Stadt zu verbringen, merkt immer mehr, daß die Menschen diese Unterschiedlichkeiten ausmachen. Sie sind stolz, engstirnig und konservativ, aber auch warmherzig und großzügig. All diese Eigenschaften und die Bilder der Stadt erinnern mich an die Figur des „Dr. Jekyll und Mr. Hyde", die Robert Louis Stevenson in einen Edinburgher Bürger verpackt hat, der tagsüber ein geachteter Beamter und nachts ein Mörder war.
Das moderne Edinburgh mit seinen 450 000 Einwohnern gewinnt immer mehr an Attraktivität. Die Grundstückspreise werden nur von denen in London überflügelt, und die Besucherzahlen der Burg sind denen des Towers fast gleich.

Nach dem Genuß des Stadtpanoramas während der „blauen Stunde" vom Calton Hill aus empfiehlt sich nicht nur für den Fotografen ein Besuch in den Pubs unten in der Stadt.

Ceilidh (sprich: Kieli): Man trifft sich zufällig auf ein Pint *zum Musizieren.*

Linke Seite: Sommerspektakel vor Originalkulisse – der Tattoo vor Edinburgh Castle

Die Buchmacher gewinnen bei jedem Rennen …

Nur mit dem korrekten Gewicht ist das Rennen gültig.

Zwischen Loch Ness und Aberdeen
Suche nach Nessie und Fischerdorfromantik

Der nordöstliche Teil des Kaledonischen Grabens wird vom legendärsten See der Britischen Inseln bedeckt. Nur etwa eineinhalb Kilometer breit, zieht sich das äußerst fischreiche Gewässer fast vierzig Kilometer durch das Tal. Bisher konnte man die unglaubliche Tiefe von 325 Metern messen, aber niemand weiß, ob der See mit seinen zahlreichen Höhlen und Spalten auf dem Grund nicht noch wesentlich tiefer ist. Das Wasser ist durch die Einschwemmungen von umliegenden Mooren braun wie Guinness und sehr kalt, auch im Sommer nur etwa 6 bis 7 Grad. Somit bildet Loch Ness den idealen Lebensraum für das schottische Weltwunder: Nessie. Seit der ersten Begegnung des irischen Missionars Sankt Columba mit dem Ungeheuer im Jahre 565 wird dokumentiert, geforscht und gesichtet.
Wie gegensätzlich die unterschiedlichen Einstellungen zum „Monster Nessie" sind, erfahre ich bei zwei Begegnungen am Ufer des Sees. Adrian Shine ist Biologe und betreibt ein wissenschaftliches Labor in Drumnadrochit. Er zieht Bohrkerne aus dem Grund des Sees, erforscht Umwelteinflüsse und Nahrungsbedingungen der Seefauna und möchte sich auf keinen Fall von mir vor dem Nessiemodell ablichten lassen. Im Gegensatz dazu verbringt Steve Feltham Sommer und Winter in seinem Caravan an den Ufern von Loch Ness und lauert mit Fernrohr und Kamera auf das Monster. Tourismusveranstalter und Zeitungsherausgeber beten seit den ersten „Sichtungen", daß sich das Geheimnis nicht als normal erklärbare Realität herausstellt und somit den einen die Besucher und den anderen der Stoff ausbleiben. Nessie ist am See zum großen Geschäft geworden, und (fast) jeder Schottlandbesucher möchte wenigstens das Plastikungeheuer am Besucherzentrum streicheln.
Wir werden des Nessie-Rummels schnell überdrüssig und fahren schließlich durch Inverness in Richtung Elgin. Die Nordküste bietet uns Fischerdörfer mit malerischen Häfen in Portsoy, Whithills, Banff und Macduff. Der oft steile Weg hinunter zu den kleineren Dörfchen am Fuß der Steilküste rentiert sich. Berühmt wurde die Häuserreihe von Pennan, wo der Glasgower Bill Forsyth den Kultfilm „Local Hero" drehte, aber noch ursprünglicher erscheint Crovie. Den Campingbus lassen wir auf dem kleinen Parkplatz oberhalb zurück und machen uns zu Fuß auf, hinunter zu den am Kai aneinandergereihten, nur ein paar Meter vom Wasser entfernen Häuschen. Eine Frau erzählt uns mit nichtschottischem Akzent, daß während der Winterstürme die Brandung immer wieder die Häuser überspült und beschädigt. So ist verständlich, daß ihre ehemaligen Bewohner nach dem Wegbleiben der Heringe ebenfalls gegangen sind. Die idyllisch gelegenen Häuschen werden heute, wie viele andere, im Sommer als Ferienwohnungen genutzt.
Von der Küste nach Süden zu treffen wir in der östlichen Grampian-Region auf eine Ansammlung prächtiger Schlösser, die zum Teil durch den sogenannten Castle Trail miteinander verbunden sind. Turmburgen wie das märchenhafte Craigievar Castle oder Crathes Castle am Dee unterscheiden sich von den großen Burgkomplexen wie Castle Fraser, Drum Castle oder Blair Castle. Im Sommer verwandeln sich die Gärten wie der von Cawdor Castle in blühende Juwelen. Am spektakulärsten von allen liegt der weitläufige Burgkomplex von Dunnottar. Der steile Burgfelsen im Meer wird an manchen Sommertagen von gespenstischen Morgennebeln umwabert.
Nur etwa 30 Kilometer nördlich liegt die reiche Stadt Aberdeen, eingerahmt von den Flüssen Dee und Don. Schon immer war die Stadt Schottlands größter Fischereihafen und hat sich in den siebziger Jahren außerdem zu Europas Ölmetropole entwickelt. Hafen und Helikopterairport sind die Versorgungsnerven für die zahllosen Ölplattformen vor den Küsten. Das gemütliche Altstadtviertel Old Aberdeen um die St.-Machar-Kathedrale und die Pubs in der Nähe der Universität ziehen uns allerdings stärker an als das moderne Stadtzentrum aus Granit.

Obwohl viele Bewohner die Fischerdörfchen Crovie und Pennan allenfalls nur noch als Sommersitz nutzen, ist die Kulisse nach wie vor filmreif.

Aberdeens Union Street mit Rathaus und typischer Granitarchitektur

Aufgetaucht! – Nessie, das schottische Weltwunder

Folgende Doppelseite: Die Häfen einiger Fischerstädtchen entlang der Grampian-Nordküste, wie Portsoy, haben ihren ursprünglichen Charakter behalten.

Shore Inn
Soy Scout

Der Biologe Adrian Shine untersucht die Sedimente eines Bohrkernes vom Grund des Loch Ness.

Auch in Schottland, wie überall, bringt das Öl Wohlstand für die Menschen und Probleme für die Natur.

Folgende Doppelseite: Der Küstennebel hat gerade erst den Blick auf Dunnottar Castle freigegeben.

Die Äußeren Hebriden
Einsame Inseln am Rande der Zeit

Sie sind Schottlands Wellenbrecher nach Westen hin – und eine eigene, einsame Welt, die mit Schottland wenig gemein hat. Der Wind und unzählige Orkane haben sie kahlgefegt. Sechs Hauptinseln bilden den Archipel der Äußeren Hebriden, wo die Uhren noch langsamer gehen als drüben in Schottland – und sonntags teilweise ganz stehenbleiben: Lewis, Harris, North Uist, Benbecula, South Uist und Barra sowie unzählige kleinere Inseln, ein Mosaik aus Wasser und Felsen. Lewis hat die Hauptstadt Stornoway mit ihren Geschäften und Supermärkten, dem großen Hafen, Museum und Castle. Obwohl die 21 000 Bewohner von Lewis sich den restlichen etwa 10 000 Bewohnern der anderen Inseln gegenüber etwas privilegiert fühlen, müssen beinahe alle für ihr bescheidenes Leben auf den äußeren Hebriden gleich hart kämfen. Gerade deswegen hat man noch Zeit füreinander. Nachbarschaft, Solidarität und Geselligkeit zählen mehr als Konkurrenz. Wir erleben bei unseren Besuchen herzliche Hilfsbereitschaft und Freundlichkeit.

Die Arbeitslosigkeit allerdings ist die höchste in England, zur Zeit über 20 Prozent, und die jungen Leute wandern nach wie vor ab. Viele haben Angst vor dem Festland, vor der schnelllebigen Industriegesellschaft und vor brodelnden Städten wie Glasgow. Die Alternative ist das karge Leben als *crofter* auf einem Bauernhof, vielleicht gleichzeitig als Fischer, Milchmann oder Fahrer. In Lewis führen uns schnurgerade Straßen durch dunkle, einsame Moore, im Nordwesten fahren wir auch vorbei an fruchtbaren Feldern und Weiden, von denen allerdings viele brachliegen.

Am Loch Roag liegt das Stonehendge der Hebriden – der Steinkreis von Callanish. Er ist einer der bedeutendsten prähistorischen Plätze Schottlands und für mich einer der fotogensten. Nicht so riesig wie Stonehendge in Südengland, aber dafür von einer grandiosen Landschaft aus Wasser, Weiden und Mooren umgeben, und ich brauche morgens und abends die immer noch vorhandene Mystik der Steine mit kaum jemandem zu teilen. Etwa 2000 vor Christus haben die Menschen diese tonnenschweren Megalithen aus Lewis-Gneis in der Form eines keltischen Kreuzes zusammengestellt. Die Natur war wesentlicher Bestandteil bei den Kulthandlungen: bei Erntefesten, Totenkult, Sonnenfesten genauso wie bei den Himmelsbeobachtungen. Die untergehende Sommersonne, die durch ihr goldenes Licht den hellen Gneis zum Glühen bringt, verdeutlicht mir das mehr als alles andere.

Ein weiteres Zeichen früherer Besiedelung ist die Ruine von Dun Carloway Broch, ein piktischer Rundturm, der im 2. Jahrhundert nach Christi Geburt gebaut wurde.

Heute unterwegs, sind wir einmal mehr froh, mit unserem Campingbus autark zu reisen – es ist Sabbat auf Lewis. Das Leben auf der Insel wird von der mächtigen und strengen presbyterianischen Free Church stärker beeinflußt als von den Jahreszeiten und vom Wetter. Die Gottesdienste sind bestens besucht, und der Einfluß der Kirche ist ungebrochen. Für uns bedeutet ein Sonntag: keine Versorgung, keine Restaurants, natürlich keine Pubs (Gott bewahre!), zum Teil kein *bed and breakfast*, keine Fähren. Wer weg möchte oder kommen will, muß bis Montag warten. Für die ansässigen *Lewis people* bedeutet der Sabbat: keine Arbeit, einschließlich Kochen und Abwaschen, keine Vergnügungen, einschließlich Fernsehen, kein Picknick, kein Autofahren (wer sonntags Auto fährt, ist Tourist oder gottlos), kein Golf. Es bleibt die Kirche und einigen – der Alkohol. Nicht nur die langen Wintermonate, der Regen und Sturm tragen dazu bei, daß die Menschen depressiv und melancholisch werden, und auf den Hebriden und an der Westküste ist die Zahl der Alkoholiker größer als im übrigen Schottland. Es wird hier mehr im verborgenen getrunken, mit latentem Schuldbewußtsein, anders als ich es in Irland erlebt habe, wo man mit offener Freude und Spaß, ebenfalls oft bis zum Umfallen, dem Whiskey und Guinness zuspricht.

Vom ewigen Wind kahlgefegt und vom Wasser geprägt, Landschaften für jene, die Elementares suchen – die Äußeren Hebriden

Für uns ist es heute einfach, über die kurvenreiche Straße durch die Clisham-Bergkette nach Harris zu fahren. Jahrhundertelang konnte niemand die bis zu 800 Meter hohen und wilden Berge überqueren, und so bildete das Land südlich davon praktisch eine weitere Insel und trägt entsprechend einen eigenen Namen. Außer wegen der weißen Sandstrände im Westen, die schönsten liegen östlich der Chaipoval-Halbinsel, ist der Inselteil wegen eines Stoffes zum Begriff geworden: Harris Tweed. Über die schmale und kurvige „Golden Road", die ihren Namen erhielt, weil sie so teuer war, wollen wir durch den kargen und steinigen Ostteil zu den Campbells nach Plocrapool. Eine Art Legende unter den Weberinnen ist Marion Campbell. Bis zuletzt hat sie nach traditioneller Art den Tweed mit Naturfarben aus Flechten und Kräutern gefärbt und auf ihrem alten Holzwebstuhl gewebt. Für besondere Verdienste in der Harris-Tweed-Herstellung verlieh ihr die Regierung den MBE-Orden, der sie als verdientes *member of British Empire* auszeichnet. Neben ihr hat nur der Elektriker Mergie vergleichbare Verdienste, weil er seit vielen Jahren trotz Stürmen, Regen und Whisky-Nebel das Netz für die Stromversorgung instand hält. Als wir Marion Campbell im Herbst 1995 interviewten, konnte sie den schweren Webstuhl nicht mehr bedienen. Im Januar darauf bettete man sie als letzte der Campbell-Dynastie nach 86 Jahren zwischen den Felsen von Harris zur letzten Ruhe. Von ihrer Großnichte Anne will ich wissen, warum gerade Harris der Ursprungsort der Tweedweberei wurde, wo doch überall auf den Hebriden gewebt wird. Der Geschäftstüchtigkeit von Lady Dunmore, die in der Mitte des vergangenen Jahrhunderts zeitweise hier lebte, ist es zu verdanken, daß der Stoff in England Mode wurde und die Produktion enormen Aufschwung erfuhr. Seither trägt man Tweed zu noblen Anlässen genauso wie im Alltag; zur Jagd ist das wasserdichte Material ebenso praktisch wie zum Fischen.
Das verschlafene Leben der Tweed-Insel wird zur Zeit von einer hitzigen Diskussion durcheinandergewirbelt. Ein internationaler Konzern plant ausgerechnet hier wegen optimaler Bedingungen den zweitgrößten Steinbruch der Welt. Die östlichen Teile des Harrisgebirges sollen zu Straßenschotter zermahlen, und, was scheinbar völlig absurd (allerdings enorm devisenbringend) ist, nach Amerika verschifft werden. Die dafür notwendige Infrastruktur und der Umweltschaden stehen in keinem Verhälnis zu den wenigen Arbeitsplätzen, die man den Einheimischen tatsächlich anbieten könnte. Nach anfänglicher Zustimmung wendet sich die Bevölkerung mehr und mehr gegen die Zerstörung ihrer Insel.
Die flachen und kahlgefegten südlichen Hebriden sind landschaftliche Extreme. Endlose und menschenleere Strände aus feinem Sand säumen die Westküste von North und South Uist. Vom 625 Meter hohen Beinn Mhor aus gesehen, liegt im Süden ein scheinbar endloses Labyrinth aus Wasser und Land vor mir, das es unmöglich macht, einen bestimmten Punkt trockenen Fußes zu erreichen. Viele dieser Buchten werden vom Seewasser gespült, und so findet hier Archie Currie sein Einkommen. Er ist einer der letzten *seeweed-cutter,* Kelpschneider. Die Riesenalgen wachsen üppig auf den Felsen und sind Grundstoff für Dünger und Medikamente. Die Kelpfabrik hat seit einigen Jahren geschlossen, und so wandern die 10 Tonnen, die Archie und sein Kollege täglich schneiden, zur Verarbeitung aufs Festland. Da die Preise für den Rohstoff ständig fallen, muß Archie Currie wie viele andere sein Einkommen mit Fischerei aufbessern. Nach dem protestantischen North Uist erinnern mich die Pubs des streng katholischen South Uist wieder mehr an Irland. So war es auch ein Segen des Meeres für die Bewohner der Südküste, als 1941 ein Frachter mit über 200 000 Flaschen feinstem Scotch Whisky vor ihrer Haustür an den Klippen von Eriskay strandete, gerade an der Insel, wo ihr Beinahe-Befreier Bonnie Prince Charlie 1745 erstmals seinen Fuß auf schottischen Boden gesetzt hatte. Wer die größere, südlichste Insel Barra erreicht hat, kann auf kuriose Weise zurückreisen: Bei Ebbe landet hier ein kleines Flugzeug der Loganair auf dem schneeweißen Muschelstrand. Eine zeitgemäße, aber vielleicht unpassende Art, die ruhige und abgeschiedene Welt der Hebriden über die Hauptstadt Stornoway schließlich zu verlassen.

Die Campbells sind die älteste Dynastie der Tweedweber auf Harris.

Der Inselpoet von South Uist, Donald MacDonald. Sein größter Wunsch ist es, einen Verleger für seine poems *zu finden.*

Linke Seite: Bei Howmore auf South Uist

Westliche Grampian-Region
Die höchsten Berge und wildesten Glens

Nach ausgiebigem Studium der einheimischen Whiskytradition verlassen wir den Malt Whisky Trail in Richtung Südwesten. Der River Spey, der uns einige Kilometer entgegenfließt, ist einer der berühmtesten und für die Angler teuersten Lachsflüsse Schottlands. Die begehrten Fische ziehen zu Beginn des Sommers in die Oberläufe der Flüsse und in die Lochs, um dort zu laichen. Südöstlich von Aviemore kreuzt man das Tal des Spey und erreicht das Skizentrum Schottlands, die Cairngorm Mountains. Unsere Fahrt geht durch wilde Hochlandszenerie nach Westen, bis wir schließlich wieder den Kaledonischen Graben erreichen.

Wie anderswo im Hochland, haben auch in den westlichen Grampians Forstleute Wald angepflanzt. Die *forest parks,* als symmetrische eckige Flächen auf den Landkarten zu erkennen, bestehen größtenteils aus anfälligen Monokulturen. Wer hier einen natürlichen Wald – oder gar Reste des kaledonischen Urwaldes – erwartet, wird enttäuscht. Die Römer nannten das nordwestliche Schottland einfach *Caledonia,* was „bewaldete Höhen" bedeutet. Der ursprüngliche kaledonische Wald war ein Mischwald, in dem die Kiefer dominierte. Die Bäume wurden schon vor Jahrhunderten als Brennholz in den Eisenhütten oder als Bauholz verbraucht. Nur noch klägliche Reste wie im Beinn Eighe Natur Reserve oder im Glen Affric unterbrechen die heute meist kahle Landschaft. Die jetzt meist freien Heide- und Moorlandschaften sind zum Lebensraum großer Rudel Rotwild geworden. In dem besten Revier, im Glen Cannich, komme ich mir im Winter wie in einem riesigen *deer park* vor. Wenn Schnee die Berge bedeckt, kommen Hunderte von Hirschen bis an den Fluß und sind aus geringer Entfernung gut zu beobachten. Der Jagdaufseher Carl Lawaetz hat allein im Glen Cannich 780 Hirsche gezählt.

Von dem modernen und touristischen Ort Fort William führt eine schmale Straße zum Fuß des höchsten Berges von Schottland. Der Ben Nevis krönt mit seinen 1343 Metern recht undramatisch ein malerisches Tal. Wer den alpinen Reiz der umliegenden Berge und die pastorale Schönheit des Nevis-Tals bei gutem Wetter kennengelernt hat, versteht, warum es für viele zum Wochenend- und Ferienziel wurde. Die Berge, vor allem der Ben Nevis, werden wegen ihrer vergleichsweise geringen Höhe von vielen Hobby-Bergwanderern unterschätzt, und die Unberechenbarkeit des Wetters fordert immer wieder Todesopfer. Eine echte Alternative zur Gipfelbesteigung ist die Wanderung aus dem Tal hinaus entlang des Nevis-Flüßchens nach Osten, über die Wasserscheide und zur Creaguaineach Lodge am Loch Treig.

Wer die A82 entlang des Loch Linnhe nach Südwesten fährt, muß sich nach 14 Kilometern entscheiden, ob er durch das wilde und geschichtsträchtige Glen Coe oder am Loch Linnhe und seinen zerklüfteten Seitenarmen entlang nach Süden fährt. Die Uferstraße passiert bei Portnacroish das heute wieder bewohnte Castle Stalker, eines *der* Schottlandmotive. Die gut ausgebaute und stark befahrene A82 durchs Glen Coe hat dem Tal und dem Paß leider vieles von seiner früheren Wildheit und Einsamkeit genommen. Abseits der Straße, im Glen Etive oder im Rannoch Moor, erleben wir aber die Highlands pur.

Weiter südlich, am Loch Awe, werde ich von zwei Anglern aus Perth aufgeklärt, daß es sich bei dem Objekt, das ich gerade ablichte, um das absolut meistfotografierte Castle Schottlands handelt: Kilchurn Castle. Die Ruine in der Nordostecke des Sees krönt auf einer Minihalbinsel die Bilderbuchlandschaft. Da es im Norden Schottlands immer noch eine heiß diskutierte Art „Jedermannsrecht" wie in Skandinavien gibt, zelten die Angler auf der privaten Schafweide, die ans Ufer grenzt. Weniger das Zelt, sondern die zerfledderten großen Müllsäcke neben einem Baum („... von denen vor uns ...") stören das einmalige „Bergsee mit Burg"-Panorama.

Blühende Heide färbt Ende August das Land und verklebt die Wanderstiefel.

Rannoch Moor – eines der wildesten in Schottland

Die großen Rotwildbestände der Highlands sind international ein Magnet für Jäger.

Folgende Doppelseite: Am Nordzipfel von Loch Awe thront die Ruine von Kilchurn Castle malerisch auf einer kleinen Halbinsel.

Isle of Skye
Der schönste Teil Schottlands?

Bis Ende Oktober 1995 mußten (oder durften?) wir noch die kleinen Ro-Ro-Fähren benutzen, die alle 15 Minuten die Verbindung zwischen dem schottischen Festland und der abwechslungsreichsten der 800 schottischen Inseln herstellten. Jetzt geht es zeitgemäß, auf Kosten der Arbeitsplätze für die Fährleute, über die moderne und umstrittene Hängebrücke, die Kyleakin und Kyle of Lochalsh verbindet. Mit der Mautgebühr von 4,20 Pfund ist sie für den Autofahrer die teuerste Brücke im Königreich, wenn nicht in Europa. Wir sind also noch schneller drüben bei den ausgedehnten Buchten, den weißen Sandstränden, den braunen Mooren und felsigen Kegeln der Cuillins auf Skye. Was aber macht für einen Reisenden eine Zeitersparnis von vielleicht 20 Minuten aus in einem Land, wo die Uhren sowieso langsamer gehen?

Die kurvenreichen Straßen der Insel, oft einspurige „Single track roads", sind ein Abbild des zerklüfteten Inselinneren und der Küsten. Als Krönung der Wildheit erheben sich im Süden die symmetrischen Granitberge des Cuillin-Massivs, von denen 15 Gipfel immerhin fast 1000 Meter erreichen. Das Besondere dieses Bergsteiger-Dorados erfahren wir während unserer Wanderungen: Die unmittelbare Nähe des Meeres macht einerseits das Wetter kaum kalkulierbar, andererseits bieten sich unserem Auge immer wieder malerische Aussichten, wenn sich – an sonnigen Tagen – das Tiefblau des Meeres zwischen die granitgrauen Berge und grünen Täler mischt. Von Elgol führt uns ein Küstenpfad mit fantastischem Panorama in die Bucht von Camasunary und weiter zum Loch Coruisk. Eingebettet zwischen Meer und steilen Bergen, gehören diese Plätze zu den schönsten Ecken von Skye.

Im Norden der Insel sind die Basaltfinger des Old Man of Storr berühmt geworden. 50 Meter hoch zeigen sie drohend in den Himmel. Unterhalb verläuft ein steil ins Meer abfallender grüner Hang, und oberhalb lohnt sich wegen sensationeller Ausblicke der Aufstieg zwischen die Bergzacken. Ich muß allerdings zugeben, daß man gerade auf Skye etwas Glück, oder besser viel Zeit mitbringen muß, um die vielen ausgefallenen Plätze des „Schottlands im kleinen" bei guten Wetterbedingungen genießen zu können. Das Wetter nämlich macht dem gälischen Namen von Skye, „Eilean a Cheo", Nebelinsel, oft alle Ehre. Auch die Wikinger nannten sie „Sküyo" – Insel der Wolken.

Auf Skye vermischen sich, typisch für Schottland, Legenden mit der wahren Historie. Balladen und romantische Erzählungen überliefern die Geschichte von Charles Edward Stuart und Flora MacDonald, dem Prinzen und dem Bauernmädchen von der Insel. Obwohl sie ihrem Prinzen, den man hier liebevoll Bonnie Prince Charlie nennt, nach verlorener Schlacht das Leben rettete und zur Flucht verhalf, fand die Romanze kein Happy end. Die Orte dieser Geschichte finden auf den westlichen Inseln große Beachtung. Bei Floras Geburtshaus auf South Uist und an ihrem Grab bei Kilmuir auf Skye wird die Historie Realität.

Nahe dem kleinen Ort Sleat lebt Christine Primrose, eine der

Die Waternish-Halbinsel. Nie haben wir auf Skye so viele farbenprächtige Sonnenuntergänge erlebt wie im Sommer 1995.

bekanntesten Gälisch-Sängerinnen der Hebriden. Die Balladen wurden lange nur mündlich überliefert; erst seit etwa 30 Jahren hat man begonnen, sie niederzuschreiben. Auf meine Frage, wie alt die Gesänge sind, antwortet Christine mit gälischer Theatralik nur: „älter als die Zeit“. Wenn sie ohne Instrumentalbegleitung singt, klingt ihre Stimme so unverfälscht wie das Land und so klar wie die Luft. Lieder über Liebe, über Kampf und Vertreibung, wie sie Weber, Whiskybrenner und Fischer bei ihrer Arbeit sangen.

Auf den Inseln wird vielerorts noch mit Torf geheizt. Jede Familie darf in den Hochmooren einen Torfstich nutzen, um den eigenen Hausbrand zu stechen. Im Boden ist das Brennmaterial zu 90 Prozent mit Wasser vollgesogen. Nachdem das Naß jahrelang durch Gräben herausgeleitet worden ist, greifen die Torfstecher zu ihrem speziellen Spaten und beginnen mit der harten Arbeit. Sorgsam zu kleinen Pyramiden zusammengestellt, trocknen die Torfbriketts auf dem Boden und werden nach etwa fünf bis acht Wochen, je nach Witterung, nach Hause geschafft. Noch mehr als Torfstiche und Torfhaufen ergänzt der strenge und unverwechselbare Duft des Torffeuers die rauhe Landschaft der Inseln. Im Zuge der modernen Zeit werden die Torfbriketts immer häufiger in bunten Plastiksäcken verstaut, die das Grünbraun der Landschaft mit fremdartigen Farben „bereichern“.

Vorhergehende Doppelseite: Die Wikinger nannten sie „Skiiyo“ – Insel der Wolken.

Torf wärmt zweimal, einmal beim Stechen und einmal beim Brennen.

Der Pub im Pier Hotel von Portree ist ein interessanter Ort, um sich unter locals *zu mischen.*

Rechte Seite: Skye-Landschaften für Maler und Fotografen

Für die Skye-people *ein Fingerzeig Gottes – der Old Man of Storr*

Die Winter auf Skye sind mild und feucht, die majestätischen Cuillin-Berge nur selten mit Schnee bedeckt.

Von Glasgow nach England

Über eine Industriestadt, Dichter und Hochzeits-Schmiede

Wer heute durch Glasgows Innenstadt bummelt, könnte sich fragen, ob hinter den schönen, zeitgemäßen Fassaden ebenso ein Gemisch aus Armut, Krankheit, Alkoholkonsum und Kriminalität brodelt wie im 19. Jahrhundert. Denn auch in viktorianischer Zeit bauten reiche Kaufleute und Fabrikanten prächtige Gebäude, und die Stadt boomte bis zur Jahrhundertwende, als die Industrialisierung ihren Höhepunkt erreichte. Die Schwerindustrie und die Werften, der Tabakhandel und die Tuchindustrie lockten unzählige Arbeiter in die Metropole am Clyde. Die Hungersnot in Irland und die Clearances in den Highlands taten ein übriges. Der Schmelztiegel der Nationen explodierte förmlich, denn viele hausten auf kleinstem Raum in unvorstellbarer Verelendung. Die Gorbals, die berüchtigten Slums im Eastend und südlich des Clyde, wurden zweimal abgerissen, was aber nur eine Verlagerung der Probleme brachte. Seit Jahren feilen die Stadtväter nun am Image der Arbeiterstadt – mit Erfolg. 1990 wird Glasgow zum Schrecken Edinburghs sogar „Europäische Kulturstadt“. Die Stadt erhielt eine neue Fassade, und auf den ersten Blick erscheinen die euphorischen Slogans der Fremdenverkehrsstrategen zutreffend. In Blackhill, Easterhouse oder Garthamlock aber lebt noch ein Teil des alten Glasgow mit Arbeitslosigkeit und Armut, Alkohol und Aggressionen. Für den Nur-Touristen allerdings zeigt sich die Stadt hübsch und freundlich.

Südlich der Glasgow-Edinburgh-Linie ist die Highlandromantik endgültig vorbei, und grüne Hügellandschaften mit gutem Weideland prägen das Bild. Von Glasgow in Richtung Südwesten genießen wir den klimatisch milden Küstenstreifen, erst recht im Jahrhundertsommer 1995, mit mediterran anmutenden Bilderbuchschlössern wie Culzean Castle. Nur wenige Kilometer nördlich führt die Küstenstraße in Alloway an einem kleinen, reetgedeckten Haus vorbei, einem der meistbesuchten Plätze des Landes: Der große Volksdichter Robert Burns begann hier 1759 sein kurzes Leben. Noch heute gedenken die Schotten weltweit beim *Burn's Supper*, das natürlich vor allem ein Grund zum Trinken ist, des Volkspoeten.

Wählt man von Glasgow aus die nach Südosten verlaufende Straße, erreicht man nach etwa drei Autostunden Scott Country. Hier in der Borderregion hatte der erfolgreiche Dichter und Romancier Sir Walter Scott seine „Romanfabrik“ am Ufer des River Tweed: Abbotsford House, eine „Romanze aus Stein und Mörtel“, wie er es selbst nannte. In unmittelbarer Nähe liegen weitere architektonische und historische Kleinode wie Melrose Abbey, Floors Castle oder Kelso Abbey.

Durch die in der Vergangenheit immer hart umkämpften *borders* erreicht man die Grenze zu England. Im Westen, an der E5, liegt zugleich einer der berühmtesten Grenzorte der Welt, Gretna Green. Lange Zeit konnte nirgendwo in Europa derartig frei ein gültiger Bund fürs Leben geschlossen werden wie hier: ohne Einwilligung der Eltern, ohne Priester und Standesamt. Die liberale alte Rechtsprechung der Schotten trieb dem Schmied im *blacksmith shop* unzählige eilige Paare zu. Die *runaway marriages* wurden erst 1940 für illegal erklärt. Danach wurde aus der Schmiede ein offizielles Standesamt, und es setzte ein regelrechter Hochzeitstourismus ein. „Sie kommen aus der ganzen Welt, aus Brunei genauso wie aus Zimbabwe, um sich in der Schmiede, ihrem Inbegriff der Hochzeitsromantik, trauen zu lassen“, erzählt uns Jim Jackson. Der Standesbeamte verbindet nun offiziell die Heiratswilligen über dem legendären Amboß, allein 3 500 Paare im Jahr 1994.

Devorguilla Balliol, die Stifterin des Klosters, trug das einbalsamierte Herz ihres geliebten Mannes stets bei sich und ließ es nach ihrem Tod hier in ihr Grab legen, deshalb – Sweetheart Abbey.

Kunst wird in Glasgow inzwischen nicht nur auf der Straße gezeigt.

Am Amboß geschmiedetes Hochzeitsglück wird unter dem Kissing Gate *noch einmal besiegelt.*

Glasgows Rathaus versteckt sich hinter schottischem Tartan.

Die Schotten denken praktisch …

Culzean Castle, einige Kilometer südlich von Ayr, entfaltet im Sommer fast italienisches Flair.

Der Oldtimerclub von Dumfries bei seiner Sonntagsausfahrt.

Reiner Harscher

Der Berufsfotograf Reiner Harscher (geb. 1958) produziert in der ganzen Welt Bildmaterial für seine Bücher und Live-Multivisionen. Für seine Diashows führt er seit zehn Jahren das Prädikat „Leicavision". Dies zeichnet gleichermaßen den hervorragenden Fotografen und brillanten Redner aus. Reiner Harscher zählt heute zu den renommiertesten Moderatoren von Live-Diashows in Deutschland. Sein Publikum begeistert er in Deutschland, Österreich, der Schweiz und in den USA.

Als erster deutscher Referent begann der Leica-Fotograf und Panoramaspezialist zusammen mit der Leica Camera AG in großem Stil das Konzept seiner Groß-Präsentationen in New York, San Francisco, Los Angeles und 15 weiteren Großstädten der USA umzusetzen und konnte auch die verwöhnten Amerikaner in seinen Bann ziehen.

Das Erfolgsrezept von Reiner Harscher ist sein spannender und charmanter Live-Vortrag, kombiniert mit aufwändiger Panoramaprojektion in bis zu 15 Metern Breite. Als „Referent zum Anfassen" ist er während der Moderation auf der Bühne sichtbar.

Die modernste Projektionstechnik mit zehn Projektoren, digitalem Soundtrack und Computerprogrammierung ist nicht die Hauptsache, dient Reiner Harscher aber als wichtiges Handwerkszeug, um ein ausgefeiltes Gesamtkunstwerk zu präsentieren. Seine exzellente und tiefgründige Fotografie steht im Vordergrund.

Infos: www.harscher.de

Sonderausgabe / 3. Auflage

Karte: Sebastian Schrank, München
Herstellung: Wolfgang Felber, Ottobrunn
Satz: Typografica GmbH, Rosenheim
Lithografie: Fotolitho Stampfer, Bozen
Druck und Bindung: Stalling GmbH, Oldenburg
Printed in Germany

ISBN 3-475-53393-6